全国人民代表大会常务委员会公报版

中华人民共和国
反洗钱法

（最新修订本）

中国民主法制出版社

图书在版编目（CIP）数据

中华人民共和国反洗钱法/全国人大常委会办公厅供稿.—修订本.—北京：中国民主法制出版社，2024.10.—ISBN 978-7-5162-3785-4

Ⅰ.D922.281

中国国家版本馆 CIP 数据核字第 2024PR0614 号

书名/中华人民共和国反洗钱法

出版·发行/中国民主法制出版社
地址/北京市丰台区右安门外玉林里 7 号（100069）
电话/（010）63055259（总编室） 63058068 63057714（营销中心）
传真/（010）63055259
http：//www.npcpub.com
E-mail：mzfz@npcpub.com
经销/新华书店
开本/32 开 850 毫米×1168 毫米
印张/1.5 字数/25 千字
版本/2024 年 11 月第 1 版 2024 年 11 月第 1 次印刷
印刷/北京新华印刷有限公司

书号/ISBN 978-7-5162-3785-4
定价/8.00 元
出版声明/版权所有，侵权必究。

（如有缺页或倒装，本社负责退换）

目　录

中华人民共和国主席令（第三十八号）…………（1）

中华人民共和国反洗钱法 ……………………（3）

关于《中华人民共和国反洗钱法
　（修订草案）》的说明………………………（28）

全国人民代表大会宪法和法律委员会关于
　《中华人民共和国反洗钱法（修订草案）》
　修改情况的汇报 ………………………………（32）

全国人民代表大会宪法和法律委员会关于
　《中华人民共和国反洗钱法（修订草案）》
　审议结果的报告 ………………………………（37）

全国人民代表大会宪法和法律委员会关于
　《中华人民共和国反洗钱法（修订草案
　三次审议稿）》修改意见的报告 ……………（41）

中华人民共和国主席令

第三十八号

《中华人民共和国反洗钱法》已由中华人民共和国第十四届全国人民代表大会常务委员会第十二次会议于2024年11月8日修订通过，现予公布，自2025年1月1日起施行。

中华人民共和国主席　习近平
2024年11月8日

中华人民共和国反洗钱法

（2006年10月31日第十届全国人民代表大会常务委员会第二十四次会议通过　2024年11月8日第十四届全国人民代表大会常务委员会第十二次会议修订）

目　　录

第一章　总　　则
第二章　反洗钱监督管理
第三章　反洗钱义务
第四章　反洗钱调查
第五章　反洗钱国际合作
第六章　法律责任
第七章　附　　则

第一章 总 则

第一条 为了预防洗钱活动，遏制洗钱以及相关犯罪，加强和规范反洗钱工作，维护金融秩序、社会公共利益和国家安全，根据宪法，制定本法。

第二条 本法所称反洗钱，是指为了预防通过各种方式掩饰、隐瞒毒品犯罪、黑社会性质的组织犯罪、恐怖活动犯罪、走私犯罪、贪污贿赂犯罪、破坏金融管理秩序犯罪、金融诈骗犯罪和其他犯罪所得及其收益的来源、性质的洗钱活动，依照本法规定采取相关措施的行为。

预防恐怖主义融资活动适用本法；其他法律另有规定的，适用其规定。

第三条 反洗钱工作应当贯彻落实党和国家路线方针政策、决策部署，坚持总体国家安全观，完善监督管理体制机制，健全风险防控体系。

第四条 反洗钱工作应当依法进行，确保反洗钱措施与洗钱风险相适应，保障正常金融服务和资金流转顺利进行，维护单位和个人的合法权益。

第五条 国务院反洗钱行政主管部门负责全国的反洗钱监督管理工作。国务院有关部门在各自的职责范围内履行反洗钱监督管理职责。

国务院反洗钱行政主管部门、国务院有关部门、监察机关和司法机关在反洗钱工作中应当相互配合。

第六条　在中华人民共和国境内（以下简称境内）设立的金融机构和依照本法规定应当履行反洗钱义务的特定非金融机构，应当依法采取预防、监控措施，建立健全反洗钱内部控制制度，履行客户尽职调查、客户身份资料和交易记录保存、大额交易和可疑交易报告、反洗钱特别预防措施等反洗钱义务。

第七条　对依法履行反洗钱职责或者义务获得的客户身份资料和交易信息、反洗钱调查信息等反洗钱信息，应当予以保密；非依法律规定，不得向任何单位和个人提供。

反洗钱行政主管部门和其他依法负有反洗钱监督管理职责的部门履行反洗钱职责获得的客户身份资料和交易信息，只能用于反洗钱监督管理和行政调查工作。

司法机关依照本法获得的客户身份资料和交易信息，只能用于反洗钱相关刑事诉讼。

国家有关机关使用反洗钱信息应当依法保护国家秘密、商业秘密和个人隐私、个人信息。

第八条　履行反洗钱义务的机构及其工作人员依法开展提交大额交易和可疑交易报告等工作，受法律保护。

第九条　反洗钱行政主管部门会同国家有关机关通过多种形式开展反洗钱宣传教育活动，向社会公众宣传洗钱活动的违法性、危害性及其表现形式等，增强社会公众对洗钱活动的防范意识和识别能力。

第十条 任何单位和个人不得从事洗钱活动或者为洗钱活动提供便利,并应当配合金融机构和特定非金融机构依法开展的客户尽职调查。

第十一条 任何单位和个人发现洗钱活动,有权向反洗钱行政主管部门、公安机关或者其他有关国家机关举报。接受举报的机关应当对举报人和举报内容保密。

对在反洗钱工作中做出突出贡献的单位和个人,按照国家有关规定给予表彰和奖励。

第十二条 在中华人民共和国境外(以下简称境外)的洗钱和恐怖主义融资活动,危害中华人民共和国主权和安全,侵犯中华人民共和国公民、法人和其他组织合法权益,或者扰乱境内金融秩序的,依照本法以及相关法律规定处理并追究法律责任。

第二章 反洗钱监督管理

第十三条 国务院反洗钱行政主管部门组织、协调全国的反洗钱工作,负责反洗钱的资金监测,制定或者会同国务院有关金融管理部门制定金融机构反洗钱管理规定,监督检查金融机构履行反洗钱义务的情况,在职责范围内调查可疑交易活动,履行法律和国务院规定的有关反洗钱的其他职责。

国务院反洗钱行政主管部门的派出机构在国务院反

洗钱行政主管部门的授权范围内，对金融机构履行反洗钱义务的情况进行监督检查。

第十四条 国务院有关金融管理部门参与制定所监督管理的金融机构反洗钱管理规定，履行法律和国务院规定的有关反洗钱的其他职责。

有关金融管理部门应当在金融机构市场准入中落实反洗钱审查要求，在监督管理工作中发现金融机构违反反洗钱规定的，应当将线索移送反洗钱行政主管部门，并配合其进行处理。

第十五条 国务院有关特定非金融机构主管部门制定或者国务院反洗钱行政主管部门会同其制定特定非金融机构反洗钱管理规定。

有关特定非金融机构主管部门监督检查特定非金融机构履行反洗钱义务的情况，处理反洗钱行政主管部门提出的反洗钱监督管理建议，履行法律和国务院规定的有关反洗钱的其他职责。有关特定非金融机构主管部门根据需要，可以请求反洗钱行政主管部门协助其监督检查。

第十六条 国务院反洗钱行政主管部门设立反洗钱监测分析机构。反洗钱监测分析机构开展反洗钱资金监测，负责接收、分析大额交易和可疑交易报告，移送分析结果，并按照规定向国务院反洗钱行政主管部门报告工作情况，履行国务院反洗钱行政主管部门规定的其他职责。

反洗钱监测分析机构根据依法履行职责的需要，可以要求履行反洗钱义务的机构提供与大额交易和可疑交易相关的补充信息。

反洗钱监测分析机构应当健全监测分析体系，根据洗钱风险状况有针对性地开展监测分析工作，按照规定向履行反洗钱义务的机构反馈可疑交易报告使用情况，不断提高监测分析水平。

第十七条 国务院反洗钱行政主管部门为履行反洗钱职责，可以从国家有关机关获取所必需的信息，国家有关机关应当依法提供。

国务院反洗钱行政主管部门应当向国家有关机关定期通报反洗钱工作情况，依法向履行与反洗钱相关的监督管理、行政调查、监察调查、刑事诉讼等职责的国家有关机关提供所必需的反洗钱信息。

第十八条 出入境人员携带的现金、无记名支付凭证等超过规定金额的，应当按照规定向海关申报。海关发现个人出入境携带的现金、无记名支付凭证等超过规定金额的，应当及时向反洗钱行政主管部门通报。

前款规定的申报范围、金额标准以及通报机制等，由国务院反洗钱行政主管部门、国务院外汇管理部门按照职责分工会同海关总署规定。

第十九条 国务院反洗钱行政主管部门会同国务院有关部门建立法人、非法人组织受益所有人信息管理制度。

法人、非法人组织应当保存并及时更新受益所有人信息，按照规定向登记机关如实提交并及时更新受益所有人信息。反洗钱行政主管部门、登记机关按照规定管理受益所有人信息。

反洗钱行政主管部门、国家有关机关为履行职责需要，可以依法使用受益所有人信息。金融机构和特定非金融机构在履行反洗钱义务时依法查询核对受益所有人信息；发现受益所有人信息错误、不一致或者不完整的，应当按照规定进行反馈。使用受益所有人信息应当依法保护信息安全。

本法所称法人、非法人组织的受益所有人，是指最终拥有或者实际控制法人、非法人组织，或者享有法人、非法人组织最终收益的自然人。具体认定标准由国务院反洗钱行政主管部门会同国务院有关部门制定。

第二十条 反洗钱行政主管部门和其他依法负有反洗钱监督管理职责的部门发现涉嫌洗钱以及相关违法犯罪的交易活动，应当将线索和相关证据材料移送有管辖权的机关处理。接受移送的机关应当按照有关规定反馈处理结果。

第二十一条 反洗钱行政主管部门为依法履行监督管理职责，可以要求金融机构报送履行反洗钱义务情况，对金融机构实施风险监测、评估，并就金融机构执行本法以及相关管理规定的情况进行评价。必要时可以按照规定约谈金融机构的董事、监事、高级管理人员以及反洗钱工作直接负责人，要求其就有关事项说明情况；对金融机构履行反洗钱义务存在的问题进行提示。

第二十二条　反洗钱行政主管部门进行监督检查时，可以采取下列措施：

（一）进入金融机构进行检查；

（二）询问金融机构的工作人员，要求其对有关被检查事项作出说明；

（三）查阅、复制金融机构与被检查事项有关的文件、资料，对可能被转移、隐匿或者毁损的文件、资料予以封存；

（四）检查金融机构的计算机网络与信息系统，调取、保存金融机构的计算机网络与信息系统中的有关数据、信息。

进行前款规定的监督检查，应当经国务院反洗钱行政主管部门或者其设区的市级以上派出机构负责人批准。检查人员不得少于二人，并应当出示执法证件和检查通知书；检查人员少于二人或者未出示执法证件和检查通知书的，金融机构有权拒绝接受检查。

第二十三条　国务院反洗钱行政主管部门会同国家有关机关评估国家、行业面临的洗钱风险，发布洗钱风险指引，加强对履行反洗钱义务的机构指导，支持和鼓励反洗钱领域技术创新，及时监测与新领域、新业态相关的新型洗钱风险，根据洗钱风险状况优化资源配置，完善监督管理措施。

第二十四条 对存在严重洗钱风险的国家或者地区，国务院反洗钱行政主管部门可以在征求国家有关机关意见的基础上，经国务院批准，将其列为洗钱高风险国家或者地区，并采取相应措施。

第二十五条 履行反洗钱义务的机构可以依法成立反洗钱自律组织。反洗钱自律组织与相关行业自律组织协同开展反洗钱领域的自律管理。

反洗钱自律组织接受国务院反洗钱行政主管部门的指导。

第二十六条 提供反洗钱咨询、技术、专业能力评价等服务的机构及其工作人员，应当勤勉尽责、恪尽职守地提供服务；对于因提供服务获得的数据、信息，应当依法妥善处理，确保数据、信息安全。

国务院反洗钱行政主管部门应当加强对上述机构开展反洗钱有关服务工作的指导。

第三章 反洗钱义务

第二十七条 金融机构应当依照本法规定建立健全反洗钱内部控制制度，设立专门机构或者指定内设机构牵头负责反洗钱工作，根据经营规模和洗钱风险状况配备相应的人员，按照要求开展反洗钱培训和宣传。

金融机构应当定期评估洗钱风险状况并制定相应的风险管理制度和流程，根据需要建立相关信息系统。

金融机构应当通过内部审计或者社会审计等方式，监督反洗钱内部控制制度的有效实施。

金融机构的负责人对反洗钱内部控制制度的有效实施负责。

第二十八条 金融机构应当按照规定建立客户尽职调查制度。

金融机构不得为身份不明的客户提供服务或者与其进行交易，不得为客户开立匿名账户或者假名账户，不得为冒用他人身份的客户开立账户。

第二十九条 有下列情形之一的，金融机构应当开展客户尽职调查：

（一）与客户建立业务关系或者为客户提供规定金额以上的一次性金融服务；

（二）有合理理由怀疑客户及其交易涉嫌洗钱活动；

（三）对先前获得的客户身份资料的真实性、有效性、完整性存在疑问。

客户尽职调查包括识别并采取合理措施核实客户及其受益所有人身份，了解客户建立业务关系和交易的目的，涉及较高洗钱风险的，还应当了解相关资金来源和用途。

金融机构开展客户尽职调查，应当根据客户特征和交易活动的性质、风险状况进行，对于涉及较低洗钱风险的，金融机构应当根据情况简化客户尽职调查。

第三十条　在业务关系存续期间，金融机构应当持续关注并评估客户整体状况及交易情况，了解客户的洗钱风险。发现客户进行的交易与金融机构所掌握的客户身份、风险状况等不符的，应当进一步核实客户及其交易有关情况；对存在洗钱高风险情形的，必要时可以采取限制交易方式、金额或者频次，限制业务类型，拒绝办理业务，终止业务关系等洗钱风险管理措施。

金融机构采取洗钱风险管理措施，应当在其业务权限范围内按照有关管理规定的要求和程序进行，平衡好管理洗钱风险与优化金融服务的关系，不得采取与洗钱风险状况明显不相匹配的措施，保障与客户依法享有的医疗、社会保障、公用事业服务等相关的基本的、必需的金融服务。

第三十一条　客户由他人代理办理业务的，金融机构应当按照规定核实代理关系，识别并核实代理人的身份。

金融机构与客户订立人身保险、信托等合同，合同的受益人不是客户本人的，金融机构应当识别并核实受益人的身份。

第三十二条　金融机构依托第三方开展客户尽职调查的，应当评估第三方的风险状况及其履行反洗钱义务的能力。第三方具有较高风险情形或者不具备履行反洗钱义务能力的，金融机构不得依托其开展客户尽职调查。

金融机构应当确保第三方已经采取符合本法要求的客户尽职调查措施。第三方未采取符合本法要求的客户尽职调查措施的，由该金融机构承担未履行客户尽职调查义务的法律责任。

第三方应当向金融机构提供必要的客户尽职调查信息，并配合金融机构持续开展客户尽职调查。

第三十三条 金融机构进行客户尽职调查，可以通过反洗钱行政主管部门以及公安、市场监督管理、民政、税务、移民管理、电信管理等部门依法核实客户身份等有关信息，相关部门应当依法予以支持。

国务院反洗钱行政主管部门应当协调推动相关部门为金融机构开展客户尽职调查提供必要的便利。

第三十四条 金融机构应当按照规定建立客户身份资料和交易记录保存制度。

在业务关系存续期间，客户身份信息发生变更的，应当及时更新。

客户身份资料在业务关系结束后、客户交易信息在交易结束后，应当至少保存十年。

金融机构解散、被撤销或者被宣告破产时，应当将客户身份资料和客户交易信息移交国务院有关部门指定的机构。

第三十五条 金融机构应当按照规定执行大额交易报告制度，客户单笔交易或者在一定期限内的累计交易超过规定金额的，应当及时向反洗钱监测分析机构报告。

金融机构应当按照规定执行可疑交易报告制度，制定并不断优化监测标准，有效识别、分析可疑交易活动，及时向反洗钱监测分析机构提交可疑交易报告；提交可疑交易报告的情况应当保密。

第三十六条 金融机构应当在反洗钱行政主管部门的指导下，关注、评估运用新技术、新产品、新业务等带来的洗钱风险，根据情形采取相应措施，降低洗钱风险。

第三十七条 在境内外设有分支机构或者控股其他金融机构的金融机构，以及金融控股公司，应当在总部或者集团层面统筹安排反洗钱工作。为履行反洗钱义务在公司内部、集团成员之间共享必要的反洗钱信息的，应当明确信息共享机制和程序。共享反洗钱信息，应当符合有关信息保护的法律规定，并确保相关信息不被用于反洗钱和反恐怖主义融资以外的用途。

第三十八条 与金融机构存在业务关系的单位和个人应当配合金融机构的客户尽职调查，提供真实有效的身份证件或者其他身份证明文件，准确、完整填报身份信息，如实提供与交易和资金相关的资料。

单位和个人拒不配合金融机构依照本法采取的合理的客户尽职调查措施的，金融机构按照规定的程序，可以采取限制或者拒绝办理业务、终止业务关系等洗钱风险管理措施，并根据情况提交可疑交易报告。

第三十九条 单位和个人对金融机构采取洗钱风险管理措施有异议的，可以向金融机构提出。金融机构应当在十五日内进行处理，并将结果答复当事人；涉及客户基本的、必需的金融服务的，应当及时处理并答复当事人。相关单位和个人逾期未收到答复，或者对处理结果不满意的，可以向反洗钱行政主管部门投诉。

前款规定的单位和个人对金融机构采取洗钱风险管理措施有异议的，也可以依法直接向人民法院提起诉讼。

第四十条 任何单位和个人应当按照国家有关机关要求对下列名单所列对象采取反洗钱特别预防措施：

（一）国家反恐怖主义工作领导机构认定并由其办事机构公告的恐怖活动组织和人员名单；

（二）外交部发布的执行联合国安理会决议通知中涉及定向金融制裁的组织和人员名单；

（三）国务院反洗钱行政主管部门认定或者会同国家有关机关认定的，具有重大洗钱风险、不采取措施可能造成严重后果的组织和人员名单。

对前款第一项规定的名单有异议的，当事人可以依照《中华人民共和国反恐怖主义法》的规定申请复核。对前款第二项规定的名单有异议的，当事人可以按照有关程序提出从名单中除去的申请。对前款第三项规定的名单有异议的，当事人可以向作出认定的部门申请行政复议；对行政复议决定不服的，可以依法提起行政诉讼。

反洗钱特别预防措施包括立即停止向名单所列对象及其代理人、受其指使的组织和人员、其直接或者间接控制的组织提供金融等服务或者资金、资产，立即限制相关资金、资产转移等。

第一款规定的名单所列对象可以按照规定向国家有关机关申请使用被限制的资金、资产用于单位和个人的基本开支及其他必需支付的费用。采取反洗钱特别预防措施应当保护善意第三人合法权益，善意第三人可以依法进行权利救济。

第四十一条 金融机构应当识别、评估相关风险并制定相应的制度，及时获取本法第四十条第一款规定的名单，对客户及其交易对象进行核查，采取相应措施，并向反洗钱行政主管部门报告。

第四十二条 特定非金融机构在从事规定的特定业务时，参照本章关于金融机构履行反洗钱义务的相关规定，根据行业特点、经营规模、洗钱风险状况履行反洗钱义务。

第四章　反洗钱调查

第四十三条 国务院反洗钱行政主管部门或者其设区的市级以上派出机构发现涉嫌洗钱的可疑交易活动或

者违反本法规定的其他行为，需要调查核实的，经国务院反洗钱行政主管部门或者其设区的市级以上派出机构负责人批准，可以向金融机构、特定非金融机构发出调查通知书，开展反洗钱调查。

反洗钱行政主管部门开展反洗钱调查，涉及特定非金融机构的，必要时可以请求有关特定非金融机构主管部门予以协助。

金融机构、特定非金融机构应当配合反洗钱调查，在规定时限内如实提供有关文件、资料。

开展反洗钱调查，调查人员不得少于二人，并应当出示执法证件和调查通知书；调查人员少于二人或者未出示执法证件和调查通知书的，金融机构、特定非金融机构有权拒绝接受调查。

第四十四条 国务院反洗钱行政主管部门或者其设区的市级以上派出机构开展反洗钱调查，可以采取下列措施：

（一）询问金融机构、特定非金融机构有关人员，要求其说明情况；

（二）查阅、复制被调查对象的账户信息、交易记录和其他有关资料；

（三）对可能被转移、隐匿、篡改或者毁损的文件、资料予以封存。

询问应当制作询问笔录。询问笔录应当交被询问人核对。记载有遗漏或者差错的，被询问人可以要求补充或者更正。被询问人确认笔录无误后，应当签名或者盖章；调查人员也应当在笔录上签名。

调查人员封存文件、资料，应当会同金融机构、特定非金融机构的工作人员查点清楚，当场开列清单一式二份，由调查人员和金融机构、特定非金融机构的工作人员签名或者盖章，一份交金融机构或者特定非金融机构，一份附卷备查。

第四十五条 经调查仍不能排除洗钱嫌疑或者发现其他违法犯罪线索的，应当及时向有管辖权的机关移送。接受移送的机关应当按照有关规定反馈处理结果。

客户转移调查所涉及的账户资金的，国务院反洗钱行政主管部门认为必要时，经其负责人批准，可以采取临时冻结措施。

接受移送的机关接到线索后，对已依照前款规定临时冻结的资金，应当及时决定是否继续冻结。接受移送的机关认为需要继续冻结的，依照相关法律规定采取冻结措施；认为不需要继续冻结的，应当立即通知国务院反洗钱行政主管部门，国务院反洗钱行政主管部门应当立即通知金融机构解除冻结。

临时冻结不得超过四十八小时。金融机构在按照国务院反洗钱行政主管部门的要求采取临时冻结措施后四十八小时内，未接到国家有关机关继续冻结通知的，应当立即解除冻结。

第五章　反洗钱国际合作

第四十六条　中华人民共和国根据缔结或者参加的国际条约，或者按照平等互惠原则，开展反洗钱国际合作。

第四十七条　国务院反洗钱行政主管部门根据国务院授权，负责组织、协调反洗钱国际合作，代表中国政府参与有关国际组织活动，依法与境外相关机构开展反洗钱合作，交换反洗钱信息。

国家有关机关依法在职责范围内开展反洗钱国际合作。

第四十八条　涉及追究洗钱犯罪的司法协助，依照《中华人民共和国国际刑事司法协助法》以及有关法律的规定办理。

第四十九条　国家有关机关在依法调查洗钱和恐怖主义融资活动过程中，按照对等原则或者经与有关国家协商一致，可以要求在境内开立代理行账户或者与我国存在其他密切金融联系的境外金融机构予以配合。

第五十条　外国国家、组织违反对等、协商一致原则直接要求境内金融机构提交客户身份资料、交易信息，扣押、冻结、划转境内资金、资产，或者作出其他行动的，金融机构不得擅自执行，并应当及时向国务院有关金融管理部门报告。

除前款规定外，外国国家、组织基于合规监管的需要，要求境内金融机构提供概要性合规信息、经营信息等信息的，境内金融机构向国务院有关金融管理部门和国家有关机关报告后可以提供或者予以配合。

前两款规定的资料、信息涉及重要数据和个人信息的，还应当符合国家数据安全管理、个人信息保护有关规定。

第六章　法律责任

第五十一条　反洗钱行政主管部门和其他依法负有反洗钱监督管理职责的部门从事反洗钱工作的人员有下列行为之一的，依法给予处分：

（一）违反规定进行检查、调查或者采取临时冻结措施；

（二）泄露因反洗钱知悉的国家秘密、商业秘密或者个人隐私、个人信息；

（三）违反规定对有关机构和人员实施行政处罚；

（四）其他不依法履行职责的行为。

其他国家机关工作人员有前款第二项行为的，依法给予处分。

第五十二条　金融机构有下列情形之一的，由国务院反洗钱行政主管部门或者其设区的市级以上派出机构责令限期改正；情节较重的，给予警告或者处二十万元以下罚款；情节严重或者逾期未改正的，处二十万元以上二百万元以下罚款，可以根据情形在职责范围内或者建议有关金融管理部门限制或者禁止其开展相关业务：

（一）未按照规定制定、完善反洗钱内部控制制度规范；

（二）未按照规定设立专门机构或者指定内设机构牵头负责反洗钱工作；

（三）未按照规定根据经营规模和洗钱风险状况配备相应人员；

（四）未按照规定开展洗钱风险评估或者健全相应的风险管理制度；

（五）未按照规定制定、完善可疑交易监测标准；

（六）未按照规定开展反洗钱内部审计或者社会审计；

（七）未按照规定开展反洗钱培训；

（八）应当建立反洗钱相关信息系统而未建立，或者未按照规定完善反洗钱相关信息系统；

（九）金融机构的负责人未能有效履行反洗钱职责。

第五十三条 金融机构有下列行为之一的，由国务院反洗钱行政主管部门或者其设区的市级以上派出机构责令限期改正，可以给予警告或者处二十万元以下罚款；情节严重或者逾期未改正的，处二十万元以上二百万元以下罚款：

（一）未按照规定开展客户尽职调查；

（二）未按照规定保存客户身份资料和交易记录；

（三）未按照规定报告大额交易；

（四）未按照规定报告可疑交易。

第五十四条 金融机构有下列行为之一的，由国务院反洗钱行政主管部门或者其设区的市级以上派出机构责令限期改正，处五十万元以下罚款；情节严重的，处五十万元以上五百万元以下罚款，可以根据情形在职责范围内或者建议有关金融管理部门限制或者禁止其开展相关业务：

（一）为身份不明的客户提供服务、与其进行交易，为客户开立匿名账户、假名账户，或者为冒用他人身份的客户开立账户；

（二）未按照规定对洗钱高风险情形采取相应洗钱风险管理措施；

（三）未按照规定采取反洗钱特别预防措施；

（四）违反保密规定，查询、泄露有关信息；

（五）拒绝、阻碍反洗钱监督管理、调查，或者故意提供虚假材料；

（六）篡改、伪造或者无正当理由删除客户身份资料、交易记录；

（七）自行或者协助客户以拆分交易等方式故意逃避履行反洗钱义务。

第五十五条 金融机构有本法第五十三条、第五十四条规定的行为，致使犯罪所得及其收益通过本机构得以掩饰、隐瞒的，或者致使恐怖主义融资后果发生的，由国务院反洗钱行政主管部门或者其设区的市级以上派出机构责令限期改正，涉及金额不足一千万元的，处五十万元以上一千万元以下罚款；涉及金额一千万元以上的，处涉及金额百分之二十以上二倍以下罚款；情节严重的，可以根据情形在职责范围内实施或者建议有关金融管理部门实施限制、禁止其开展相关业务，或者责令停业整顿、吊销经营许可证等处罚。

第五十六条 国务院反洗钱行政主管部门或者其设区的市级以上派出机构依照本法第五十二条至第五十四条规定对金融机构进行处罚的，还可以根据情形对负有责任的董事、监事、高级管理人员或者其他直接责任人员，给予警告或者处二十万元以下罚款；情节严重的，可以根据情形在职责范围内实施或者建议有关金融管理部门实施取消其任职资格、禁止其从事有关金融行业工作等处罚。

国务院反洗钱行政主管部门或者其设区的市级以上派出机构依照本法第五十五条规定对金融机构进行处罚的，还可以根据情形对负有责任的董事、监事、高级管理人员或者其他直接责任人员，处二十万元以上一百万元以下罚款；情节严重的，可以根据情形在职责范围内实施或者建议有关金融管理部门实施取消其任职资格、禁止其从事有关金融行业工作等处罚。

前两款规定的金融机构董事、监事、高级管理人员或者其他直接责任人员能够证明自己已经勤勉尽责采取反洗钱措施的，可以不予处罚。

第五十七条 金融机构违反本法第五十条规定擅自采取行动的，由国务院有关金融管理部门处五十万元以下罚款；情节严重的，处五十万元以上五百万元以下罚款；造成损失的，并处所造成直接经济损失一倍以上五倍以下罚款。对负有责任的董事、监事、高级管理人员或者其他直接责任人员，可以由国务院有关金融管理部门给予警告或者处五十万元以下罚款。

境外金融机构违反本法第四十九条规定，对国家有关机关的调查不予配合的，由国务院反洗钱行政主管部门依照本法第五十四条、第五十六条规定进行处罚，并可以根据情形将其列入本法第四十条第一款第三项规定的名单。

第五十八条 特定非金融机构违反本法规定的，由有关特定非金融机构主管部门责令限期改正；情节较重的，给予警告或者处五万元以下罚款；情节严重或者逾期未改正的，处五万元以上五十万元以下罚款；对有关负责人，可以给予警告或者处五万元以下罚款。

第五十九条 金融机构、特定非金融机构以外的单位和个人未依照本法第四十条规定履行反洗钱特别预防措施义务的，由国务院反洗钱行政主管部门或者其设区的市级以上派出机构责令限期改正；情节严重的，对单位给予警告或者处二十万元以下罚款,对个人给予警告或者处五万元以下罚款。

第六十条　法人、非法人组织未按照规定向登记机关提交受益所有人信息的,由登记机关责令限期改正;拒不改正的,处五万元以下罚款。向登记机关提交虚假或者不实的受益所有人信息,或者未按照规定及时更新受益所有人信息的,由国务院反洗钱行政主管部门或者其设区的市级以上派出机构责令限期改正;拒不改正的,处五万元以下罚款。

第六十一条　国务院反洗钱行政主管部门应当综合考虑金融机构的经营规模、内部控制制度执行情况、勤勉尽责程度、违法行为持续时间、危害程度以及整改情况等因素,制定本法相关行政处罚裁量基准。

第六十二条　违反本法规定,构成犯罪的,依法追究刑事责任。

利用金融机构、特定非金融机构实施或者通过非法渠道实施洗钱犯罪的,依法追究刑事责任。

第七章　附　　则

第六十三条　在境内设立的下列机构,履行本法规定的金融机构反洗钱义务:

(一)银行业、证券基金期货业、保险业、信托业金融机构;

（二）非银行支付机构；

（三）国务院反洗钱行政主管部门确定并公布的其他从事金融业务的机构。

第六十四条　在境内设立的下列机构，履行本法规定的特定非金融机构反洗钱义务：

（一）提供房屋销售、房屋买卖经纪服务的房地产开发企业或者房地产中介机构；

（二）接受委托为客户办理买卖不动产，代管资金、证券或者其他资产，代管银行账户、证券账户，为成立、运营企业筹措资金以及代理买卖经营性实体业务的会计师事务所、律师事务所、公证机构；

（三）从事规定金额以上贵金属、宝石现货交易的交易商；

（四）国务院反洗钱行政主管部门会同国务院有关部门根据洗钱风险状况确定的其他需要履行反洗钱义务的机构。

第六十五条　本法自2025年1月1日起施行。

关于《中华人民共和国反洗钱法（修订草案）》的说明

——2024年4月23日在第十四届全国人民代表大会常务委员会第九次会议上

中国人民银行行长　潘功胜

委员长、各位副委员长、秘书长、各位委员：

我受国务院委托，现对《中华人民共和国反洗钱法（修订草案）》（以下简称修订草案）作说明。

一、背景情况

党中央高度重视反洗钱和金融法治建设工作。党的二十大报告指出，要加强和完善现代金融监管，守住不发生系统性风险底线，强化经济、金融等安全保障体系建设。习近平总书记强调，要及时推进金融重点领域和新兴领域立法，抓紧修订反洗钱法等法律，使所有资金流动都置于金融监管机构的监督视野之内。李强总理要求积极推进金融法律法规立改废释，对此作出具体部署。

健全反洗钱监管制度是完善现代金融监管体系的重要内容，是推动金融高质量发展的重要方面。现行反洗钱法自2007年1月1日起施行，在增强反洗钱监管效能、打击洗钱及其上游犯罪、深化反洗钱国际治理与合作等方面发挥了重要作用。但是，近年来反洗钱工作也暴露出一些问题，有必要立足我国实际，结合新形势新要求，抓紧修改完善反洗钱法。修订反洗钱法已列入全国人大常委会和国务院立法工作计划。

中国人民银行在广泛调研、听取各有关方面意见并向社会公开征求意见的基础上，向国务院报送了送审稿。司法部征求了中央有关单位、各省级人民政府、履行反洗钱义务的机构和有关行业协会等方面意见，开展实地调研，就有关问题深入研究论证、多次沟通协调，会同中国人民银行反复研究修改，形成了修订草案。修订草案已经国务院常务会议讨论通过。

二、总体思路和主要内容

修订草案遵循以下总体思路：一是坚持正确政治方向，规定反洗钱工作应当贯彻落实党和国家路线方针政策、决策部署，完善监督管理体制机制，健全风险预防体系。二是坚持问题导向，加强反洗钱监督管理，按照"风险为本"原则合理确定相关各方义务，同时避免过多增加社会成本。三是坚持总体国家安全观，统筹发展和安全，完善反洗钱有关制度，维护国家利益以及我国公民、法人的合法权益。

修订草案共7章62条，主要规定了以下内容：

（一）明确本法适用范围。明确反洗钱是指为了预防和遏制通过各种方式掩饰、隐瞒犯罪所得及其收益的来源和性质的洗钱活动，以及相关犯罪活动，依照本法规定采取相关措施的行为。预防和遏制恐怖主义融资活动适用本法。

（二）加强反洗钱监督管理。一是明确职责分工。国务院反洗钱行政主管部门（中国人民银行）负责全国的反洗钱监督管理工作，与国务院有关部门、国家监察机关和司法机关相互配合；国务院有关部门在各自的职责范围内履行反洗钱监督管理职责。二是完善金融机构反洗钱监管。规定国务院反洗钱行政主管部门制定或者会同国务院有关金融管理部门制定金融机构反洗钱管理规定；反洗钱行政主管部门监督检查金融机构履行反洗钱义务的情况，有关金融管理部门在金融机构市场准入中落实反洗钱审查要求，将在监督管理工作中发现的违反反洗钱规定的线索移送反洗钱行政主管部门，并配合处理。三是明确特定非金融机构的范围及反洗钱监管。有关主管部门监督检查特定非金融机构履行反洗钱义务的情况，根据需要提请反洗钱行政主管部门协助。四是加强风险防控与监督管理。规定反洗钱资金监测，国家、行业洗钱风险评估制度；明确反洗钱行政主管部门可以采取监督检查措施，开展反洗钱调查。五是完善国务院反洗钱行政主管部门与国家有关机关的反洗钱信息共享机制，建立受益所有人信息管理、使用制度。

（三）完善反洗钱义务规定。一是规定金融机构反洗钱义务，主要包括：建立健全反洗钱内控制度并有效实施；开展客户尽职调查，了解客户身份、交易背景和风险状况；保存客户身份资料和交易记录；有效执行大额交易报告制度和可疑交易报告制度。二是规定特定非金融机构反洗钱义务，要求其在从事本法规定的特定业务时，应当参照金融机构履行反洗钱义务。三是规定单位和个人不得从事洗钱活动或者为洗钱活动提供便利，应当配合金融机构和特定非金融机构依法开展的客户尽职调查等。

此外，修订草案还规定了本法的域外适用效力，完善了法律责任规定，加大了对违法行为的处罚力度。

修订草案及以上说明是否妥当，请审议。

全国人民代表大会宪法和法律委员会关于《中华人民共和国反洗钱法(修订草案)》修改情况的汇报

全国人民代表大会常务委员会:

　　常委会第九次会议对反洗钱法修订草案进行了初次审议。会后,法制工作委员会将修订草案印发部分省(区、市)人大常委会、中央有关部门和部分高等院校、研究机构、基层立法联系点、金融机构等征求意见;在中国人大网全文公布修订草案,征求社会公众意见。宪法和法律委员会、财政经济委员会、法制工作委员会联合召开座谈会,听取有关部门、专家学者、人大代表对修订草案的意见。宪法和法律委员会、法制工作委员会到浙江、福建、江苏、上海、北京、四川等地调研,听取意见;并就一些重要问题会同有关方面共同研究。宪法和法律委员会于8月16日召开会议，根据常委会组成人员的审议意见和各方面的意见，对修订草案进行了逐条审议。财政经济委员会、司法部、中国人民银行有关负责同志列席了会议。8月27日，宪法和法律委员会召开会议，再次进行了审议。现将反洗钱法修订草案主要问题修改情况汇报如下：

一、有的常委委员、地方、部门、社会公众和基层立法联系点提出，预防洗钱活动和遏制洗钱以及相关犯罪，采取反洗钱措施，与宪法关于维护社会经济秩序的有关规定有密切联系，建议明确宪法是本法的立法依据，并对加强、规范和依法开展反洗钱工作提出要求。宪法和法律委员会经研究，建议采纳这一意见，并作以下修改：一是在立法目的中增加规定"加强和规范反洗钱工作"、"根据宪法"。二是增加一条，规定反洗钱工作应当依法进行，确保反洗钱措施与洗钱风险相适应，保障资金流转和金融服务正常进行，维护单位和个人的合法权益。

二、修订草案第二条规定了反洗钱的定义。有的常委会组成人员、地方、部门、专家学者和社会公众提出，适应反洗钱新形势新要求，有必要扩大洗钱的上游犯罪范围，同时又要突出反洗钱工作的重点，做好与刑法相关规定的衔接。宪法和法律委员会经研究，建议采纳这一意见，在现行法规定基础上，将第二条第一款修改为"本法所称反洗钱，是指为了预防通过各种方式掩饰、隐瞒毒品犯罪、黑社会性质的组织犯罪、恐怖活动犯罪、走私犯罪、贪污贿赂犯罪、破坏金融管理秩序犯罪、金融诈骗犯罪和其他犯罪所得及其收益的来源、性质的洗钱活动，依照本法规定采取相关措施的行为。"

三、有的常委委员、地方、部门、社会公众和基层立法联系点提出，反洗钱工作涉及大量的客户身份资料和金融交易信息，应当严格保护信息安全。宪法和法律委员会经研究，建议作以下修改：一是恢复现行反洗钱法关于严格规范反洗钱信息使用的规定，同时增加对个人隐私的保护。二是进一步明确提供反洗钱服务的机构及其工作人员对于因提供服务获得的数据、信息，应当依法妥善处理，确保数据、信息安全。三是在有关反洗钱行政主管部门工作人员违反规定泄露反洗钱信息的法律责任条款中，增加其他国家机关工作人员相应行为的责任。

四、有的常委委员、地方、部门、社会公众和基层立法联系点建议，加大对各类新型洗钱风险的监测。宪法和法律委员会经研究，建议作以下修改：一是增加规定国务院反洗钱行政主管部门会同国家有关机关发布洗钱风险指引，及时监测与新领域、新业态相关的新型洗钱风险。二是增加规定反洗钱监测分析机构健全监测分析体系，提升反洗钱监测水平。三是增加规定金融机构应当关注、评估新业务等带来的洗钱风险，根据情形采取相应措施，降低洗钱风险。

五、修订草案对金融机构开展客户尽职调查、采取洗钱风险管理措施等作了规定。有的常委委员、地方、部门和社会公众提出，相关措施涉及单位和个人的权益，建议对金融机构如何处理好管理洗钱风险与优化金融服务的关系作出规定和要求。宪法和法律委员会经研究，建议作以下修改：一是增加规定金融机构开展客户尽职调查，应当根据客户特征和交易活动的性质、风险状况进行；对于涉及较低洗钱风险的，应当根据情况简化客户尽职调查。二是明确金融机构采取洗钱风险管理措施的条件，对涉及可疑交易的，可以根据客户洗钱风险状况和降低洗钱风险的需要采取措施；采取措施应当按照相关规定和程序，不得采取与洗钱风险状况明显不相匹配的措施，并保障客户基本的、必需的金融服务；简化救济程序，规定单位和个人对洗钱风险管理措施有异议的，可以依法直接向人民法院提起诉讼。

六、修订草案第六十条第二款规定，特定非金融机构参照本法第三章关于金融机构的相关规定履行反洗钱义务。有的常委委员、地方、部门和社会公众提出，特定非金融机构情况复杂，涉及行业、经营规模等各不相同，法律中可对其履行反洗钱义务只作原则规定，具体要求可由有关部门制定配套规定。宪法和法律委员会经研究，建议采纳这一意见，将该款规定移至第三章最后，并增加规定特定非金融机构根据行业特点、经营规模、洗钱风险状况履行反洗钱义务；增加有关部门可以制定特定非金融机构履行反洗钱义务的具体办法的规定。

七、修订草案第六章对违反本法的法律责任作了规定。有的常委委员、地方、部门和社会公众提出，反洗钱义务主体涉及行业多，经营规模差异大，建议本着"过罚相当"原则，合理设定行政处罚。宪法和法律委员会经研究，建议在法律责任一章相关条款中根据情况分别增加一档处罚；适当调整相关条款中行政处罚的下限。

八、有的常委委员、部门和社会公众建议，对通过地下钱庄从事洗钱活动的刑事责任作出规定。宪法和法律委员会经研究，考虑到我国刑法对洗钱犯罪行为，不论是通过金融机构还是通过非法渠道实施，都有追究刑事责任的规定，为此，建议增加衔接性条款，规定利用金融机构、特定非金融机构实施或者通过非法渠道实施洗钱犯罪的，依法追究刑事责任。

此外，还对修订草案作了一些文字修改。

修订草案二次审议稿已按上述意见作了修改，宪法和法律委员会建议提请本次常委会会议继续审议。

修订草案二次审议稿和以上汇报是否妥当，请审议。

全国人民代表大会宪法和法律委员会
2024 年 9 月 10 日

全国人民代表大会宪法和法律委员会关于《中华人民共和国反洗钱法(修订草案)》审议结果的报告

全国人民代表大会常务委员会：

常委会第十一次会议对反洗钱法修订草案进行了二次审议。会后，法制工作委员会将修订草案二次审议稿印发中央有关部门和部分基层立法联系点、金融机构等征求意见；在中国人大网全文公布修订草案二次审议稿，征求社会公众意见。宪法和法律委员会、法制工作委员会到北京、广东等地调研，听取意见；并就一些重要问题会同有关方面共同研究。宪法和法律委员会于10月9日召开会议，根据常委会组成人员的审议意见和各方面的意见，对修订草案进行了逐条审议。财政经济委员会、司法部、中国人民银行有关负责同志列席了会议。10月25日，宪法和法律委员会召开会议，再次进行了审议。宪法和法律委员会认为，修订草案经过两次审议修改，已经比较成熟。同时，提出以下主要修改意见：

一、修订草案二次审议稿第三十条对金融机构采取洗钱风险管理措施作了规定。有的常委委员、部门、社会公众建议进一步明确其条件，以避免对客户正常的金融活动造成影响。宪法和法律委员会经研究，建议细化规定金融机构发现客户交易与客户身份、风险状况等不符的，采取进一步核实有关情况的措施；存在洗钱高风险情形且有必要时，可以采取限制交易方式等措施。

二、修订草案二次审议稿第三十七条对金融机构在公司内部、集团成员之间共享反洗钱信息作了规定。有的常委会组成人员、部门、社会公众提出，机构内部反洗钱信息共享，也应当依法进行并保障信息安全。宪法和法律委员会经研究，建议增加规定共享反洗钱信息应当符合有关信息保护的法律规定。

三、修订草案二次审议稿第三十九条中规定，单位和个人对金融机构采取洗钱风险管理措施有异议的，金融机构应当在十五日内处理并答复。有的常委委员、地方、社会公众提出，有的金融服务，如社会保障、医疗费用的支取等，涉及客户基本生活必需，应当有快速通道及时处理。宪法和法律委员会经研究，建议增加规定洗钱风险管理措施涉及客户基本的、必需的金融服务的，金融机构应当及时处理。

四、修订草案二次审议稿第五十八条对有关单位和个人未依照本法第四十条规定履行反洗钱特别预防措施义务的法律责任作了规定。有的常委委员、社会公众建议对单位和个人分别规定处罚标准，以便于做到过罚相当。宪法和法律委员会经研究，建议采纳这一意见。

五、修订草案二次审议稿第六十一条对特定非金融机构及相关从业人员违反本法的，规定参照金融机构进行处罚。有的常委委员、地方、部门、社会公众提出，参照处罚不便于操作，建议对其单独规定处罚标准。宪法和法律委员会经研究，建议采纳这一意见。

还有一个问题需要报告。在修订草案二次审议稿征求意见过程中，有较多意见提出应当明确金融机构采取洗钱风险管理措施的，不得侵犯存款人取款权利。宪法和法律委员会、法制工作委员会就此问题与有关方面共同研究认为，商业银行法规定商业银行办理个人储蓄存款业务，应当遵循"存款自愿、取款自由"；商业银行应当保证存款本金和利息的支付，不得拖延、拒绝支付存款本金和利息。商业银行法的上述规定是明确的，商业银行与客户之间是平等主体间的民事关系，洗钱风险管理措施不是行政管制，金融机构采取洗钱风险管理措施应当在其业务权限范围内进行，不得擅自冻结或者变相冻结客户资金，侵犯其取款权利。

此外，还对修订草案二次审议稿作了一些文字修改。

10月22日，法制工作委员会召开会议，邀请部分全国人大代表、有关部门、基层反洗钱义务机构和相关专家学者等就修订草案主要制度规范的可行性、出台时机、实施的社会效果和可能出现的问题等进行评估。普遍认为，修订草案贯彻落实中央加强金融法治建设要求，坚持问题导向，系统完善反洗钱制度措施，平衡反洗钱工作与保障个人和组织合法权益的关系，结构合理，可操作性强，有利于提高反洗钱工作的法治化水平。修订草案充分吸收了各方面意见，已经比较成熟，建议审议通过。与会人员还对修订草案提出了一些具体修改意见，有的意见已经采纳。

修订草案三次审议稿已按上述意见作了修改，宪法和法律委员会建议提请本次常委会会议审议通过。

修订草案三次审议稿和以上报告是否妥当，请审议。

全国人民代表大会宪法和法律委员会
2024年11月4日

全国人民代表大会宪法和法律委员会关于《中华人民共和国反洗钱法(修订草案三次审议稿)》修改意见的报告

全国人民代表大会常务委员会：

本次常委会会议于11月5日下午对反洗钱法修订草案三次审议稿进行了分组审议。普遍认为，修订草案已经比较成熟，赞成进一步修改后，提请本次常委会会议表决通过。同时，有些常委会组成人员和列席人员还提出了一些修改意见和建议。宪法和法律委员会于11月5日晚召开会议，逐条研究了常委会组成人员和列席人员的审议意见，对修订草案进行统一审议。全国人大财政经济委员会、司法部、中国人民银行有关负责同志列席了会议。宪法和法律委员会认为，修订草案是可行的，同时，提出以下修改意见：

一、修订草案三次审议稿第二十三条对国务院反洗钱行政主管部门评估、监测新型洗钱风险作了规定。有的常委委员提出，为应对实践中利用各种新的技术手段从事洗钱活动，应当支持和鼓励反洗钱领域技术创新；主管部门也应当加强对反洗钱义务机构的指导。宪法和法律委员会经研究，建议采纳这一意见。

二、修订草案三次审议稿第三十条对金融机构采取洗钱风险管理措施作了规定。有的常委委员提出，金融机构作为企业，其采取洗钱风险管理措施与国家机关依法采取的行政强制措施性质不同，不包括对存款人存款进行冻结或者变相冻结。建议进一步明确金融机构采取洗钱风险管理措施的，应当在其业务权限范围内进行。宪法和法律委员会经研究，建议采纳这一意见。

三、修订草案三次审议稿第三十五条对金融机构应当按照规定报告可疑交易作了规定。有的常委委员提出，金融机构报告可疑交易这件事情本身不应向客户或者他人透露，以免影响反洗钱工作。宪法和法律委员会经研究，建议在该条中增加"提交可疑交易报告的情况应当保密"的规定。

经与有关部门研究，建议将修订后的反洗钱法的施行时间确定为2025年1月1日。

此外，根据常委会组成人员的审议意见，还对修订草案三次审议稿作了一些文字修改。

修订草案修改稿已按上述意见作了修改，宪法和法律委员会建议提请本次常委会会议审议通过。

　　修订草案修改稿和以上报告是否妥当，请审议。

　　全国人民代表大会宪法和法律委员会
　　2024 年 11 月 7 日

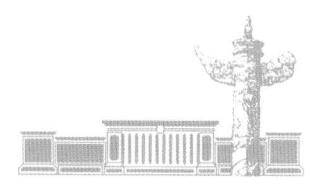

ISBN 978-7-5162-3785-4
定价：8.00元